법륜·열여섯

칠각지 七覺支
- 깨달음의 일곱 가지 인자因子 -

삐야닷시 스님 지음 | 전채린 옮김

KB214741

고요한소리

The Seven Factors of Enlightenment

Satta Bojjhaṅgā

PIYADASSI MAHA THERA

The Wheel Publication No. 1
BUDDHIST PUBLICATION SOCIETY
Kandy, Sri Lanka 1980

일러두기

* 경經이름 다음의 아라비아숫자 표기는 빠알리 경전(영국 빠알리 성전협회 P.T.S
  간행)의 경의 번호임.
* 이 책에서 표시된 경전의 쪽수는 모두 P.T.S 빠알리어 본의 것임.
* 이 책에 나오는 고유명사 및 주요 술어는 빠알리어 음을 취했으며 빠알리어는
  이탤릭체로 표기하였음.
* 각주는 원주原註이며, 역주는 [역주]로 표기함.

차 례

들어가는 말 ◦ 06

Ⅰ. 염각지念覺支 ——————————— 19

Ⅱ. 택법각지擇法覺支 ——————————— 24

Ⅲ. 정진각지精進覺支 ——————————— 32

Ⅳ. 희각지喜覺支 ——————————— 38

Ⅴ. 경안각지輕安覺支 ——————————— 44

Ⅵ. 정각지定覺支 ——————————— 49

Ⅶ. 사각지捨覺支 ——————————— 60

저자 소개 ◦ 67

들어가는 말

   불교 경전인 삼장에는 부처님께서 때와 장소에 맞추어 다양하게 설하신 깨달음의 인자[覺支]¹에 관한 법문들이 많이 들어 있다. 《상응부》 5권 〈대품〉에는 '봇장가 상응' 이라는 제목의 장章이 눈에 띄는데 그 장에서는 여러 가지 방법으로 깨달음의 인자에 관해 부처님이 설하고 계

---

1 [역주] 인자: *aṅga* 한역漢譯에서는 지支 또는 분分으로 번역하고 저자는 factor라 옮겼는데, 이를 요소라고 옮기지 않고 인자因子라 한 것은 다음 두 가지 이유에서이다.
   1. 요소는 직접 어떤 부분을 구성하는 부분이라는 뜻이 강한 데에 반해서 인자는 어떤 결과에 대해 원인으로 작용한다는 뜻이 강하다. 일곱 각지가 깨달음의 직접적인 구성 부분을 이룬다고 보는 것은 무리가 따르는 것 같고 뒤의 본문에서 보듯이 깨달음을 이끌어 주는 성격이 강하다고 이해하여 인자를 취했다.
   2. 다아뚜*dhātu*와 구별하기 위해서이다. 다아뚜는 영어로는 보통 element 라 옮기는데 앙가*aṅga*와 다아뚜를 구별하는 것이 유용할 것 같아서 더 이상 간단하게 분석할 수 없는 것을 의미하는 '요소'는 다아뚜에, '인자'는 앙가에 쓰기로 했다. 그러나 다아뚜나 앙가 모두 실제 쓰이는 뜻은 어떤 한 가지 역어로 고정시킬 수 없으리만큼 다양하다. 앙가의 경우 요소, 요인, 인자因子, 인자引子, 인인引因, 가지, 부분, 팔다리[四肢], 몸의 각 부분 등의 함의로 쓰이고 있는 만큼 각기 문맥에 따라 적절한 용어를 찾아야 할 것이다.

시다. 그 중에서 우리는 부처님 계실 때 부터 지금까지 불자들이 고통을 받거나 병이 들거나 재난을 당했을 때 이로부터 벗어나기 위해 호신주로 암송해 온 법문이 셋이나 나란히 올라 있는 것을 볼 수 있다.

'봇장가*bojjhaṅga*'라는 단어는 '보디*bodhi*'라는 말과 '앙가*aṅga*'라는 말을 합성하여 만든 것이다. '보드*bodh*'는 깨달음을 의미한다. 더 정확히 말해서 사성제의 깨달음과 관련된 통찰력을 뜻한다. 사성제는 '고苦'라는 성스러운 진리, '고의 집기'라는 성스러운 진리, '고의 멸'이라는 성스러운 진리, '고의 멸에 이르는 길'이라는 성스러운 진리를 이른다. '앙가'는 요소, 인자因子, 팔다리[支] 등을 뜻한다. 그러므로 '봇장가'는 깨달음으로 이끄는 요인 또는 통찰이나 지혜를 이끌어 내는 인자를 의미한다.

"세존이시여, '깨달음의 인자, 깨달음의 인자!'라고들 하는데 여쭈옵느니 어떤 까닭으로 깨달음의 인자라고 부릅니까?"라고 어느 비구가 여쭈었다. "비구여, 그들은 깨달음으로 이끌어 준다. 그래서 그렇게 불린다." 부처님의 간명한 대답이셨다.[2]

---

2 《상응부》 V권 72쪽

또 이런 비유로 설명하시기도 한다.

뾰족지붕 집의 서까래들은 모두 꼭대기 쪽으로 향하고 꼭대
기 쪽으로 쏠리고 꼭대기에서 합쳐진다. 그래서 꼭대기를 그
모두의 정점이라 부른다. 비구들이여, 그와 마찬가지로 칠각
지를 닦고 많이 익힌 비구는 열반으로 기울고 열반으로 쏠리
고 열반으로 나아간다.[3]

깨달음의 일곱 가지 인자는 다음과 같다.

1. 염念 *sati* – 마음챙김
2. 택법擇法 *dhammavicaya* – 법의 검토[4]
3. 정진精進 *viriya* – 활기찬 정진력
4. 희喜 *pīti* – 기쁨 또는 환희
5. 경안輕安 *passaddhi* – 고요
6. 정定 *samādhi* – 집중

---

3 《상응부》V권 75쪽
4 '담마'는 다양한 뜻을 가진 말이다. 여기서는 정신과 물질[名色]을 의미
한다. '담마위짜야*dhammavicaya*'는 이 마음과 몸의 집합뿐만 아니라 일
체의 조건 지어진 것들과 구성 부분들에 대한 조사 또는 분석을 뜻한다.

7. 사捨 *upekkhā* – 평온

깨달음의 인자들에 대한 설법 중 하나를 소개한다.

이렇게 나는 들었다. 한 때 부처님께서는 라아자가하의 웰루와나에 있는 다람쥐 먹이 주는 공원에 머물고 계셨다. 그 때 삡팔리 굴에서 지내고 있던 마하 깟사빠(대가섭) 존자가 중병에 걸려 앓고 있었다.
해질 무렵 부처님께서는 독좌獨坐를 풀고 일어나셔서 마하 깟사빠 존자를 방문하여 자리에 앉아 다음과 같이 말씀하셨다.

그래, 깟사빠여 좀 어떠신가? 견딜 만하신가, 참아낼 만하신가? 통증이 줄어드는가, 늘어나는가? 통증이 더 심해지지 않고 기우는 기미라도 보이는가?

아닙니다, 세존이시여. 견디기가 힘듭니다. 참아내기가 어렵습니다. 통증이 아주 심합니다. 통증이 줄어들기는커녕 점점 더 심해져 가는 것 같습니다.

깟사빠여, 깨달음의 일곱 가지 인자들은 내가 잘 설하였고 잘 닦았고 많이 익힌 바요. 이 인자들을 잘 닦고 많이 익히면 완전한 깨달음[증지證智]⁵에 완벽한 지혜[등각等覺]⁶에 열반에 이르게 된다오. 그 일곱 가지란 어떤 것인가?

1. 깟사빠여, 염念각지는 내가 잘 설하였고 잘 닦았고 많이 익힌 바요. 염각지를 잘 닦고 많이 익히면 완전한 깨달음에 완벽한 지혜에 열반에 이르게 되오.

2. 깟사빠여, 택법擇法각지는 내가 잘 설하였고 잘 닦았고 많이 익힌 바요. 택법각지를 잘 닦고 많이 익히면 완전한 깨달음에 완벽한 지혜에 열반에 이르게 되오.

3. 깟사빠여, 정진精進각지는 내가 잘 설하였고 잘 닦았고 많이 익힌 바요. 정진각지를 잘 닦고 많이 익히면 완전한 깨달음에 완벽한 지혜에 열반에 이르게 되오.

---

5 [역주] 완전한 깨달음: 저자는 특이한 관점에서 full realization이라 영역했지만, 빠알리 원어는 아빈냐*abhiññā*이고 한역漢譯 전통에서는 증지證智로 옮겨 왔다.

6 [역주] 완벽한 지혜: 저자는 perfect wisdom으로 표현하고 있고, 빠알리 원어는 삼보디*sambodhi*, 한역에서는 전통적으로 등각等覺으로 옮겨 왔다.

4. 깟사빠여, 희喜각지는 내가 잘 설하였고 잘 닦았고 많이 익힌 바요. 희각지를 잘 닦고 많이 익히면 완전한 깨달음에 완벽한 지혜에 열반에 이르게 되오.

5. 깟사빠여, 경안輕安각지는 내가 잘 설하였고 잘 닦았고 많이 익힌 바요. 경안각지를 잘 닦고 많이 익히면 완전한 깨달음에 완벽한 지혜에 열반에 이르게 되오.

6. 깟사빠여, 정定각지는 내가 잘 설하였고 잘 닦았고 많이 익힌 바요. 정각지를 잘 닦고 많이 익히면 완전한 깨달음에 완벽한 지혜에 열반에 이르게 되오.

7. 깟사빠여, 사捨각지는 내가 잘 설하였고 잘 닦았고 많이 익힌 바요. 사각지를 잘 닦고 많이 익히면 완전한 깨달음에 완벽한 지혜에 열반에 이르게 되오.

깟사빠여, 이 일곱 가지 인자는 실로 내가 잘 설하였고 잘 닦았고 많이 익힌 바요. 이들을 잘 닦고 많이 익히면 완전한 깨달음에 완벽한 지혜에 열반에 이르게 된다오.

세존이시여, 참으로 그들이야말로 깨달음의 인자들입니다!
잘 가신 분[善逝]이시여, 참으로 그들이야말로 깨달음의 인자
들입니다!'라고 마하 깟사빠 존자가 탄성을 발했다.

이렇게 부처님은 말씀하셨고 마하 깟사빠 존자는 그 말씀을
환희심으로 받아들였다. 그리고 마하 깟사빠 존자는 병석에
서 일어났다. 그 자리에서 바로 마하 깟사빠 존자의 병이 사
라져버린 것이다.[7]

앞서 언급했던 세 법문 중 또 하나는 〈마하 쭌다 각지
경〉인데, 거기서는 한때 부처님 당신께서 병환이 나셨을
때 마하 쭌다 존자에게 깨달음의 인자들을 낭송하게 하
여 그것을 들으면서 부처님의 중환重患이 사라져버렸다는
이야기가 나온다.[8]

사람의 마음은 몸에 매우 강력한 영향을 미칠 뿐 아니
라 심대한 변화마저도 일으킨다. 만일 나쁘고 해로운 생
각을 품고 부도덕한 쪽으로 작용하도록 방치하면 마음은

---

7 《상응부》 V권 79~80쪽
8 《상응부》 V권 81쪽

큰 불행을 야기할 수 있고 심지어는 남을 죽게 만들 수도 있다. 그런데 또 마음은 병든 몸을 낫게 할 수도 있다. 바른 견해[正見]를 갖고 바른 사유[正思]에 집중할 때 마음이 가져올 수 있는 효력은 이루 헤아릴 수 없이 크다.

마음은 병이 나게 할 뿐 아니라 병을 낫게 하기도 한다. 낙천적인 환자가 걱정이 많은 비관적인 환자보다 병에서 벗어날 확률이 높다. 믿음으로 병을 고친 사례들에 대한 기록을 보면 그 중에는 심지어 신체기관의 질환까지도 거의 순간적으로 치유된 예들이 실려 있다.[9]

불법*Buddha Dhamma*은 깨달음의 가르침이다. 깨달음을 증득하기를 열망하는 이는 우선 깨달음으로 이르는 길을 방해하는 장애들에 대하여 분명히 알아야 한다.

부처의 눈으로 보면 생은 고苦다. 그리고 그 고는 무명에 기인한다. 무명은 경험할 가치도 없는 것, 이른바 악을 경험하는 것이다. 거기서 더 나아가 논한다면 무명은 제

---

9 올더스 헉슬리, 《목적과 수단》(런던, 1946) 259쪽

온[諸蘊]이 모여 뭉치는 성질에 대한 무지[10], 감각기관과 감각대상[諸內外處]이 원래 따로따로여서 서로 무관한 성질의 것이라는 점에 대한 무지, 제 요소들[諸界]의 공함 또는 상대적 존재성에 대한 무지, 감각통어 기능들[諸根]의 월등한 성질에 대한 무지, 네 가지 진리[四聖諦]]의 무오류성, 즉 여여성如如性에 대한 무지를 말한다.

그리고 이 무명을 키우는 영양소 또는 전제조건은 다섯 가지 장애들이다. 이들이 장애라 불리게 된 것은 그것들이 철저히 포위하고 가로막고 방해만 하기 때문이다. 그들은 고로부터 헤어나는 길을 우리가 깨닫지 못하도록 방해한다. 이 다섯 장애는 감각적 욕망kāmacchanda, 악의 惡意 vyāpāda, 마음[心]과 그에 부수하는 정신작용들[心所]의 혼미thīnamiddha, 들뜸과 회한uddhaccakukkucca, 의심 vicikicchā이다.

그러면 이들 장애를 키우는 영양소는 무엇인가? 세 가지 나쁜 생활 양태, 즉 몸으로 입으로 마음으로 범하는 잘못이다. 그리고 이 세 가지 영양소는 다시 감관의 무절

---

10 [역주] 무지: non-perception. 불법을 듣지 못한 데에 기인하는 무지

제[根 不防護]에 의해 영양보급을 받는다. 이 감관의 무절제를 주석가들은 눈, 귀, 코, 혀, 몸, 뜻[意]의 여섯 감각기관에 욕심과 미움이 들어오는 것을 방치하는 것이라고 설명한다.

무절제를 키우는 영양소는 바른 마음챙김·분명한 알아차림[正念·正知]의 결여라고 설명한다. 이를 영양소의 관점에서 살피면 마음챙김의 대상[法]이 마음에서 벗어나 제멋대로 표류해 버리는 것, 다시 말해 무상·고·무아라는 존재의 세 가지 특질에 대한 인식이 마음에서 일탈해버려서 사물의 진정한 본성을 챙기지 못하고 잊어버리는 것이 무절제를 키우는 영양소가 된다는 것이다. 우리가 말이나 행위를 할 때 온갖 자유를 자신에게 허용하는 것, 그리고 요령 없는 망상 덩어리에 고삐를 쥐어주는 것은 우리가 무상이라든가 기타 사물의 특질을 마음에 새겨 담지 않았을 때, 즉 바른 마음챙김[正念]을 결여했을 때 범하게 되는 과오이다.

다음, 분명한 알아차림[正知]의 결여란 아래 네 가지의 결여를 말한다. 곧 목표에 대한 분명한 알아차림[sāttha sampajañña], 유익성 여부에 대한 분명한 알아차림[sappāyo *sampajañña*], 마음의 의지처에 대한 분명한 알아차림 [*gocara sampajañña*], 미혹되어 있지 않음[無癡]에 대한 분명한 알아차림[*asammoha sampajañña*]의 결여이다. 사람이 올바른 목표도 없이 어떤 일을 할 때, 선善의 증장에 도움이 되지 않는 사물에 관심을 쏟거나 그런 행위를 할 때 또는 향상에 해로운 행위를 할 때, 정진하는 사람의 진정한 의지처가 되는 정법을 잊고 있을 때, 미혹한 나머지 엉뚱한 것들을 즐겁다고 아름답다고 항상하고 실체가 있는 것이라고 믿고 붙들 때, 이처럼 분명한 알아차림이 없는 채 행동할 때 역시 무절제는 증장된다.

그리고 바른 마음챙김과 분명한 알아차림을 이처럼 결여하게 되는 것은 그 바닥에 지혜롭지 못한 주의[非如理作意 *ayoniso manasikāra*]가 도사리고 있기 때문이다. 문헌들에 의하면 지혜롭지 못한 주의란 바른 길을 벗어난 생각으로 무상을 항상으로, 고를 낙으로, 무아를 아로, 불선을 선으로 여기는 따위이다. 끊임없이 돌고 도는 저 윤회가 알고 보면 지혜롭지 못한 주의에 그 뿌리를 두고 있는 것이다. 지혜롭지 못한 주의가 증장할수록 두 가지가 가득 차게 된다. 무명과 존재에의 갈애[有愛]가 그 둘이다. 무명이 있음으로써 그 모든 고苦의 연기緣起가 있게 된다. 그래서 생각이 깊지 못한 사람은 바람 부는 대로 표류하는 배처럼, 강물의 소용돌이에 빠진 가축 떼처럼, 연자방아에 매인 소처럼 맴돌면서 윤회를 계속 한다.

또 불·법·승에 대한 확고하지 못한 믿음이 지혜롭지 못한 주의를 증장시키는 조건이며 이 확고하지 못한 믿음은 정법을 듣지 못했기 때문이라고 경에는 쓰여 있다. 또 사람들이 정법을 못 듣는 이유는 정도를 걷는 현명한 사람들과의 사귐을 충분히 갖지 못하고, 정법을 존중하는 선한 사람들과의 교류가 부족한 데 있다.

이렇듯 착하고 덕 있는 도반과의 교우kalyāṇa mittatā의 결여가 바로 이 세상의 온갖 고통의 기본적인 이유라 할 수 있겠다. 이제 그 역으로 말하자면 모든 선善의 기반이자 영양소는 착하고 덕 있는 도반과의 사귐이라 할 수 있다. 이런 좋은 사귐은 숭고한 법이라는 영양소를 공급해 주고 다시 이 영양소는 불·법·승, 삼보에 대한 확신을 일으킨다. 삼보에 대한 확신이 서게 되면 깊고 지혜로운 주의, 바른 마음챙김과 분명한 알아차림, 감관의 제어, 세 가지 올바른 생활양태, 네 가지 마음챙김의 확립, 일곱 가지 깨

달음의 인자, 지혜를 통한 해탈 등이 하나하나 차례로 나
타나게 된다.[11]

---

11 《삼모하 위노다니 *Sammoha vinodanī*》 ; 《분별론》의 주석서

I. 염각지念覺支 *sati*

이제 칠각지를 하나씩 다루어 보자. 첫 번째 깨달음의 인자는 마음챙김念 *sati*이다.

마음챙김은 자제력을 키우는 데 가장 효과적인 수행법이고 또 마음챙김을 닦는 사람은 누구나 해탈의 길을 찾아내게 된다. 마음챙김에는 네 종류가 있는데 이는 신수념身隨念 *kāyānupassanā*, 수수념受隨念 *vedanānupassanā*, 심수념心隨念 *cittānupassanā*, 법수념法隨念 *dhammānupassanā*이다.[12]

바른 마음챙김[正念]이라는 이 가장 중요한 자질이 부족한 자는 그 어떤 가치 있는 일도 성취할 수 없다. 부처님께서 임종 시에 제자들에게 남겨주신 마지막 유훈은 이렇다.

---

12 《중부》10〈염처경〉;《장부》22〈대염처경〉;《*The foundations of mindfulness*》(BPS Wheels 19) 참조

모든 형성된 것은 스러지는 법이다. 주의 깊게 정진하여 해탈을 이뤄내도록 하라.[13]

부처님보다 먼저 세상을 뜬 부처님의 상수제자인 사아리뿟따 존자의 마지막 말도 다음과 같다.

주의 깊게 계속 정진하시오. 이것이 내가 여러분께 드리는 충고입니다![14]

이 두 훈계에서 가장 의미심장하고 시사적인 단어는 '아빠마아다[appamāda 不放逸]'인데 이 말은 글자 그대로 '끊임없는 주의'라는 뜻이다. 사람은 깨어서 생활하는 매 순간에 자신의 행동, 즉 마음·입·몸으로 짓는 그 어떤 것이든 충분히 알아차리고 있지 않는 한, 주의 깊을 수가 없

---

13 《장부》 16 〈대반열반경 *Mahāparinibbāna Sutta*〉
[역주] "*vayadhammā sankhārā appamādena sampādetha*"
아빠마아다 *appamāda*: 한역은 불방일不放逸. 저자는 heedfulness 또는 mindfulness로 옮기면서 특히 정념과 동일한 개념임을 강조하고 있다.

14 [역주] "*sampādetha appamādena esā me anusāsanā*"
'방일하지 말고 정진하라-*sampādetha appamādena*'라는 말은 부처님의 유훈과 같은데, 저자가 전자를 'work out your deliverance with heedfulness', 후자를 'strive on with heedfulness'로 옮겼을 뿐이다.

다. 오로지 자신의 행동을 충분히 알아차리고 마음 챙기고 있을 때에만 그는 선과 악, 옳음과 그름을 분별할 수 있게 된다. 마음챙김의 시각에서 보아야 자기 행위의 미추를 볼 수 있을 것이다.

삼장을 통틀어 '아빠마아다[不放逸]'라는 단어는 바른 마음챙김[正念]을 의미할 때 쓰이고 있고 '빠마아다[pamāda 放逸]'는 마음챙김의 부재로 정의하고 있다. 《증지부》에 보면 부처님께서 이런 말씀을 하신다.

비구들이여, 아직 일어나지 않은 선한 생각을 일어나게 하고, 이미 일어난 악한 생각을 쇠멸하게 할 수 있는 힘을 가진 한 가지 것으로 불방일 말고 다른 어떤 것도 나는 알지 못하노라. 불방일 하는 자에게는 아직 일어나지 않은 선한 생각은 생겨나고, 악한 생각은 만약 생겨났으면 쇠멸하게 될 것이니라.[15]

끊임없는 마음챙김과 깨어있음은 악을 피하고 선을 행하기 위해 필요하다. 침착성을 지니어 자신을 빈틈없는 경계심으로 둘러싼 사람[satimā], 용기와 열성을 갖춘 사람

---

15 [역주] 《증지부》 I 권 12쪽

은 경주마가 쇠약한 늙은 말을 제치고 앞서 나아가듯이 무기력하고 부주의한 사람을 앞서 나아간다. 우리의 모든 행동에 마음챙김이 얼마나 중요한지는 다음과 같은 부처님의 핵심을 찌르는 말씀 속에 분명히 드러난다.

> 비구들이여, 마음챙김은 어떤 세계, 어떤 일에 있어서도 없어서는 안 되는 가장 중요한 것이라고 나는 말한다. 카레요리에 소금과 같은 것이니라.[16]

부처님의 생애는 그 자체가 한 폭의 마음챙김의 그림이다. 그분은 항상 마음 챙기고 있는, 항상 깨어있는 분이셨다. 마음챙김의 구현, 바로 그것이라 해야 할 것이다. 나태하게 굼뜨거나 사려 깊지 못한 면을 부처님의 생애 전편을 통해 우리는 결코 찾아볼 수 없기 때문이다.

바른 마음챙김이나 분명한 알아차림은 어느 면에서 지식보다 더 훌륭하다. 바른 마음챙김이 없는 상태에서는 사람이 그 배운 바를 최대로 활용할 수 없기 때문이다. 마음챙김이 따르지 않는 지성은 사람을 나쁜 길로 이끌고

---

16 《중부》 10 〈염처경〉의 주석서

정직과 본분을 지키는 바른 길에서 벗어나도록 유혹하기 쉽다. 불교를 잘 알고 교학에 해박한 사람들마저도 이 마음챙김이라는 너무도 중요한 자질을 갖추지 못했을 경우, 사물을 적절한 시각으로 보지 못할 수 있다. 명망 높은 사람들도 어떤 행위나 말을 하면서 그 결과에 대해 생각해 보지 않고 함부로 하여 그 때문에 준엄하고 합당한 비판을 면하지 못하는 경우가 종종 있다. 마음챙김은 모든 선한 행위들의 가장 중요한 특성으로 이를 지니면 당사자에게도 남들에게도 이익이 된다.

마음챙김은 커다란 이익을 가져다준다.[17]

여기서 이익은 가장 높은 정신적 계발이고 그런 계발의 성취를 통하여 윤회의 고로부터 해탈이 가능해진다.

마음챙김을 즐기고 방일을 두려워하는 사람은 결코 퇴전하지 않는다. 그 사람은 열반에 가까이 가 있다.[18]

---

17 *"appamādo mahato atthāya saṃvattati"* 《증지부》 I 권 16쪽
18 《법구경》 게송 32

II. 택법각지擇法覺支 *dhammavicaya*

두 번째의 깨달음 인자는 법*dhamma*을 예리하게 검토하는 '택법*dhammavicaya*'이다.

택법은 사람이나 신의 세계를 형성하고 있는 모든 구성요소들의 진정한 성질을 이해하는 날카로운 분석적 지식이다. 이것은 모든 것을 있는 그대로, 즉 법으로 보는 것이다. 그것은 모든 구성물들을 궁극에 이르기까지 그 근본적 요소를 분석해 들어가는 것이다.

예리한 검토를 통해 우리는 마치 홍수를 이룬 강물이 범람의 절정에 이르렀다가 차츰 세력을 잃어버리듯이 모든 복합적 사물들이 믿을 수 없으리만큼 빠르게 일어나서*uppāda* 절정에 이르고*thiti* 사라지는*bhaṅga* 찰나들을 통과하고 있는 것을 이해하게 된다. 전 우주는 연속되는 단 두 찰나조차 똑같은 채로 남아있지 않고 끊임없이 변하고 있다. 사실 모든 것은 원인*hetu*·조건지움[緣 *paccaya*]·결과*phala*라는 틀의 지배를 받는다. 지혜로운 주의*yoniso* *manasikāra*는 올바른 마음챙김을 통해서 자연스럽게 나오며 우리가 식별하고, 추론하고, 검토하게끔 강력히 밀어 붙인다. 깊지 못한 생각, 지혜롭지 못한 주의*ayoniso manasikāra*는 머리를 혼란시키고 그런 상태에서는 사물의 성질을 제대로 검토할 수 없다. 그런 사람은 원인과 결과, 씨앗과 열매, 형성된 것들의 일어남과 사라짐을 볼 수 없다. 부처님께서는 이렇게 말씀하신다.

이 법은 현명한 이들을 위한 것이지 현명하지 못한 이들을 위한 것이 아니다.[19]

불교에서는 그 어떤 강제와 강요도 하지 않으며 불자들에게 맹목적 믿음을 요구하지도 않는다. 멈칫거리면서 불교에 첫발을 디디는 사람들은 불교가 자신들에게 얼마든지 검토 확인해 보라고 권한다는 것을 알고서 무척 반가워할 것이다. 시종 불교는 눈이 있어 볼 수 있고 마음이 있어 이해할 수 있는 사람이라면 그 누구에게든 활짝 열

---

19 《증지부》 IV권 229쪽

려 있다. 부처님께서는 따르는 이들에게서 당신과 당신의 가르침에 대한 맹목적이며 순종적인 믿음을 짜내려 애쓴 일이 없었다. 그분은 제자들이 분별력을 키우고 지성에 의해 확인하도록 이끌어 주셨다. 까알라아마인들의 질문을 받고 부처님께서는 이렇게 대답해 주셨다.

그대들이 의문을 품는 것은 당연하다. 의심스럽고 명백하지 않은 것에 대하여 묻는 것은 당연한 일이다. 의심스러운 것을 대하면 마음에 혼란이 일어나기 마련이다.[20]

경전에는 부처님과 제자들의 다음과 같은 대화가 나온다.

그렇다면, 이제 이와 같이 알고 이와 같이 보면서 '우리는 우리 스승을 존경하니까 그분에 대한 존경심에서 그분의 가르침을 존중한다.'라고 말할 수 있겠는가?

그렇지 않습니다, 세존이시여.

---

20 [역주] 《증지부》 I권 189쪽 ; 법륜·둘 《구도의 마음, 자유 – 까알라아마 경》, 〈고요한소리〉(2023), 14쪽 참조

비구들이여, 그대들이 주장하는 것은 그대 자신들이 스스로 알고, 보고 터득한 것이 아니겠느냐?

그렇습니다, 세존이시여.[21]

이처럼 철저하게 견지된 성실무비誠實無比한 확인 자세는 후대의 현자들에게도 정확하게 그대로 이어졌다. 그들 역시 다음과 같은 식으로 말한다.

현명한 이가 금의 순도를 시험하기 위해서 한 조각의 시금석을 사용하여 금을 태워 보기도 하고 잘라 보기도 하고 엄밀하게 검사도 해보듯이 여러분들은 내 말을 잘 검토해보고 나서 받아들여야지 단지 나를 존중하고 존경한다고 해서 받아들여서는 안 됩니다. [22]

---

21 《중부》 38경, I권 265쪽
[역주] 《중부》 38경, I권 265쪽에 나오는 "*Nanu bhikkhave yadeva tumhākaṁ sāmaṁ ñātaṁ sāmaṁ diṭṭhaṁ sāmaṁ viditaṁ tadeva tumhe vadethāti*" 를 저자는 "That which you affirm, disciples, is it not only that which you yourselves have recognized, seen and grasped?"로 영역하고 있다.
22 《자아나사아라 사무짜야*Jñānasāra Samuccaya*: 선의 본질 모음》 31쪽

이처럼 부처님의 가르침이 분석 위주이기 때문에 맹목적 믿음은 배격될 수밖에 없다. 법의 진리성은 고요한 집중적 사고와 통찰력[止와 觀]을 통해서만 파악되는 것이지 맹목적 믿음으로 얻어지는 것이 아니다. 진리를 찾아 나아가는 사람은 피상적인 지식만으로 만족하지 않는다. 그 사람은 깊이 파고들어 그 바닥에 있는 것을 보고 싶어 한다. 불교는 그런 종류의 탐구를 장려한다. 그런 방식의 탐구가 바른 견해[正見]를 이끌어낸다. 경전에는 다음과 같은 이야기도 있다.

> 한 번은 니간타 나아따뿟따(자이나교 교주)의 열성스런 제자인 우빠알리가 부처님을 찾아와 법문을 경청하고서 신심(*saddhā* 지식에 바탕한 확신)이 일어나 그 자리에서 부처님께 귀의하고 싶은 의사를 밝혔다. 그러자 부처님께서는 "우빠알리여, 어떤 진리든 철저히 검토, 확인해 보도록 하라."고 말씀하시어 우빠알리를 만류하셨다.[23]

이 사건은 부처님께서 사람들을 당신이 생각하는 길로

---

23 [역주] 《중부》 56 〈우빠알리 경〉, I권 379쪽

끌어들이거나, 추종자로 끌어들이는 일에 열중하지 않으셨다는 사실을 잘 말해 준다. 그분께서는 다른 사람의 사상의 자유에 개입하지 않으셨다. 왜냐하면 사상의 자유는 모든 개인의 타고난 권리이기 때문이다. 누군가에게 그의 견해와 성격, 정신적 기질과 성향에 맞는 생활태도를 버리도록 강요한다는 것은 잘못된 일이다. 어떤 형태로든 강제는 나쁘다. 누군가에게 그 사람이 흥미 없어 하는 신념을 억지로 삼키도록 만든다면 그것은 가장 고약한 강요라고 아니할 수 없다. 그렇게 억지로 먹인 음식은 어떤 세계의 어떤 존재에게도 유익할 수 없다.

법에 대한 조사 검토인 택법을 닦는 비구는 마음을 오취온에 집중시켜 이 맨 세력들의 집적集積[24], 즉 '명색의 합류'가 생멸하는 것을 분명히 알아차리려고 애쓴다. 그가 궁극적 깨달음의 즐거운 예고인 기쁨을 경험하게 되는 것은 오직 자신의 마음과 몸의 덧없는 성질을 충분히 깨달을 때에 만이다. 다음과 같은 게송이 읊어진다.

---

24 [역주] 맨 세력들의 집적: 영문 'conglomeration of bare forces'의 축어역. 빠알리 원문은 'suddha saṅkhāra puñja'이다.

온蘊들의 일어남과 사라짐을 바른 마음 챙김[正念]하면서
그는 순수한 기쁨과 유열愉悅을 경험한다.
아는 이들에게 그것은 곧 불사不死이다.[25]

무상하고 영속하지 않는 것을 그는 고苦로 가득 찬 것
으로 본다. 그는 무상하고 고로 가득 찬 것을 영원하고 영
속하는 영혼이나 자신 또는 자아가 없는 것으로, 즉 실
체가 공한 것으로 안다. 무상·고·무아의 세 가지 특성 또
는 법칙들에 대한 이와 같은 파악, 이와 같은 깨달음을 불
자들은 통찰지vipassanā ñāṇa penetrative insight라 일컫는데,
이 통찰지는 시퍼런 칼날 같은 것으로 모든 잠재적 성향
anusaya을 완전히 뽑아내며 그럼으로써 고의 원인뿐 아니
라 그 곁가지들마저도 하나 빠짐없이 파괴시켜 버린다. 고
의 원인이 되는 온갖 잔가지들이 궁극적으로 파괴되는 것

---

25 《법구경》 게송 374[역주] (빠알리 원문) "Yato yato sammasati, khandhānaṁ
udayabbayaṁ labhati pīti pāmojjaṁ, amataṁ taṁ vijānataṁ"(영역문) "Whenever
he reflects on the rise and fall of the aggregates, he experiences unalloyed joy and
happiness. To the discerning one that(reflection) is deathless, Nibbāna"
저자는 여기서 taṁ (that)을 reflection(정념)을 가리키는 것으로 보고 있는
데 붓다락키따Buddharakkhita 같은 현존 학자들은 이 문맥에서 온의 생
멸이 불사의 반영이라고 옮기고 있다.

도 바로 이 깨달음을 통해서이다. 이러한 정상의 지견에 오른 사람은 완전한 이, 아라한이며 그의 지견의 밝음, 그의 통찰의 깊이는 삶의 가장 깊숙한 곳까지 꿰뚫어 보고 모든 피상적인 모습 뒤에 가려있는 진정한 본성을 인식한다. 그는 더 이상 하루살이 것들의 마력에 이끌려 들 수 없다. 그는 더 이상 두렵고 끔찍한 겉모습에 혼란을 일으킬 수 없다. 그는 더 이상 현상에 대해 흐릿한 시력을 갖는 일이 있을 수 없다. 왜냐하면 그는 오직 통찰지만이 가져다 줄 수 있는 완전한 면역성을 통해서 잘못을 저지를 여지가 전혀 없는 경지에 이르렀기 때문이다.

III. 정진각지精進覺支 viriya

세 번째의 깨달음 인자는 정진력viriya이다. 이것 역시 마음에 부수해서 일어나는 정신작용[心所 cetasika]으로 성스러운 팔정도八正道의 여섯 번째 항목이며 거기서는 바른 노력[正精進 sammā vāyāma]으로 불린다.

부처님의 생애를 살펴보면 그분께서는 정신적 피로에 굴복한 적이 없었다는 것이 분명하게 드러난다. 대각을 이루신 그 순간부터 무여열반에 드신 순간까지 그분은 육체적으로 피곤할 때에도 그에 상관하지 않고 또 길을 방해하는 많은 장애들과 불리한 조건들에도 개의치 않고 인류를 향상시키기 위해서 지칠 줄 모르고 애쓰셨다. 그분은 중생의 행복을 위해 노력을 늦춘 적이 없으셨다. 육체적으로는 항상 건강한 상태일 수만은 없었지만 정신적으로는 항상 깨어 있고 활력에 차 계셨다. 그분을 찬양하는 다음과 같은 게송이 있다.

아, 놀라워라, 정복자여!
모든 존재의 행복[26]을 위해
모든 산 것들의 평안을 위해
언제나 지치지 않고 노력하는 이여!

이 법은 열심히 정진하는 사람을 위한 것이지 나태한 사람을 위한 것이 아니다.[27] 부처님께서는 당신이 인류의 죄를 대신 떠맡을 의지가 있고 또 그러한 능력도 갖춘 구세주라고 자처하신 적이 없었다. 그와 반대로 각자는 자신이 저지른 악행의 짐을 스스로 져야 한다고 언명하셨다.

부처님의 말씀에 의하면 각자는 스스로 필요한 노력을 해내야 하고 그래서 자신의 해탈을 스스로 애써 이뤄내야 하는 것이다. 부처님은 단지 길을 드러내 보여주신 분일 뿐, 계시종교 식으로 남들의 '영혼'을 구제하려 애쓰는 구세주가 아니다. 어떤 사람이 다른 사람을 낮은 단계의 삶으로부터 끌어올려 주고 궁극적으로 구제할 수 있다는

---

26 [역주] 행복: 저자는 blessing으로 쓰고 있는데, 빠알리 원문은 *hita*로 존재들에게 유익하다는 뜻이다.

27 *"āraddhaviriyassāyaṁ dhammo nāyaṁ dhammo kusītassa"* 《증지부》 Ⅳ권 232쪽, 234쪽

생각은 사람을 무기력하고, 허약하고, 게으르고, 어리석게 만들기 쉽다. 다른 사람이 우리에게 간접적으로 도움의 손을 내밀어줄 수는 있다. 그러나 고苦로부터의 해탈은 자기 자신의 행위, 즉 업을 모루로 삼아 그 위에서 스스로 만들어 내지 않으면 안 된다.

너희가 너희 자신의 섬이 되어라. 너희가 너희 자신의 의지처가 되어라.[28]

이렇듯 스승께서는 따르는 사람들이 독립·독행의 능력을 얻도록 간곡히 권고하셨다.

부처님을 따르는 사람은 어떤 상황에서도 희망과 노력을 포기해서는 안 된다. 부처님께서는 보살이었을 때에도 용기와 노력을 절대로 포기하지 않았던 분이셨다. 성불을 서원하는 구도자인 보살은 다음과 같은 고무적인 말을 좌우명으로 삼고 있었다.

---

28 《장부》 16 〈대반열반경〉, II권 100쪽

퇴전退轉하지 말고 앞으로 나아가라.[29]

바른 마음챙김과 택법각지를 계발하는 사람은 그 다음 단계로 자신의 활로를 열어젖히기 위해 필요한 정진력을 발휘해야 할 것이다.

정진력의 기능은 다음 네 가지이다.

1. 이미 마음에 일어난 불선不善을 뿌리 뽑는 노력.
2. 아직 일어나지 않은 불선을 예방하여 일어나는 일이 없도록 하는 노력.
3. 아직 일어나지 않은 선을 개발하는 노력.
4. 이미 일어난 선의 증장을 더욱 촉진시키는 노력.[30]

《중부》의 제20경 〈심상경尋相經 Vitakka Saṇṭhāna Suttanta〉에는 이런 구절이 있다.

---

29 [역주] "mā nivatta abhikkhama" 《불종성경 Buddhavaṁsa》 II. 게송 107
30 《증지부》 II권 15쪽

마치 숙련된 목수나 그의 도제가 작은 나무못으로 큰 나무
못을 쳐내어 제거해버리는 것처럼 비구가 자신에게 일어난 어
떤 관념에 연연한 나머지 탐·진·치와 관련된 악하고 유익하지
못한 생각이 일어날 경우, 그 비구는 이 생각과는 종류가 다
른, 유익한 것과 관련된 생각이 일어나도록 해야 한다. 그렇게
하면 악하고 유익하지 않은 생각은 사라질 것이고, 그 사라짐
과 함께 그의 마음은 가라앉고 차분해지고 통일되고 집중될
것이다.[31]

이렇듯이 청정을 닦는 길은 게으른 사람은 갈 수가 없
다. *깨달음bodhi*을 열망하는 이는 확고한 결심과 함께 불
퇴전의 정진력을 갖추어야 한다. 깨달음과 해탈은 절대적
으로, 전적으로 자기 자신에게 달려있다.

사람은 자신의 단호한 정진력으로 일어서야 하고, 자유의 큰
문을 향한 길을 스스로 가야 한다. 항상 매 순간 자기 힘으로
그렇게 가야 한다. 자유의 큰 문은 자물쇠로 잠겨 있지도 않

---

31 실라짜라, 《고따마 붓다의 말씀들》에서 번안함. 해당 경의 영어 번역은
    (BPS Wheels No. 21)로 출판되었음

고 누군가 그 열쇠를 갖고 있어 기도와 애원으로 얻어내야 하는 것도 아니다. 그 문에는 아무런 걸쇠도 빗장도 없다. 혹 자기 자신이 그것들을 만들어 내지 않았다면.

가르침으로 보나 본보기로 보나 부처님은 불요불굴한 삶의 전형이셨다. 다음과 같은 말씀을 들어보자.

애써 노력하지 않는 게으른 자, 젊고 힘은 있지만 게으름에 빠져있는 자, 결단력과 생각이 모자란 자, 그런 나태하고 게으른 자는 지혜의 길을, 깨달음의 길을 찾을 수 없으리라.[32]

부처님의 발자취를 따라가면서 제자는 생각한다.

가죽과 힘줄과 뼈만 남을지라도, 피와 살이 말라붙을지라도 결단코 나는 이 추구를 포기하지 않을 것이고 청정과 깨달음의 길에서 벗어나지도 않을 것이다.[33]

---

32 《법구경》 계송 280
33 [역주] 《중부》 70경, I권 481쪽 참조

IV. 희각지喜覺支 *pīti*

네 번째의 깨달음 인자는 삐이띠*pīti*, 기쁨 또는 환희이다. 이것 역시 정신작용[心所]으로서 몸과 마음 양면에 두루 영향을 미치는 특성을 가지고 있다. 이 특성을 갖추지 못하고서는 깨달음을 향한 길을 계속해 나아갈 수가 없다. 이런 기쁨이 없으면 법이 시큰둥해지고, 실 수행이 싫어지고, 그밖에도 갖가지 좋지 못한 징후들이 나타나게 된다. 그러므로 윤회의 족쇄로부터 궁극적으로 해탈하기 위해 애쓰는 사람은 아주 중요한 인자인 '기쁨'을 증장시키려고 힘써 노력해야 한다. 기쁨이란 선물은 그 누구도 남에게 선사할 수 없고, 각자가 바른 노력[正精進]과 바른 마음챙김[正念]과 집중상태에서의 정신활동[正定]으로 지어나아가야 하는 것이다. 기쁨은 마음의 문제이기 때문에 외부의 물질적인 것에서 찾으려 해서는 안 된다. 이들이 비록 기쁨에 아주 조그마한 도움이 될지는 모르지만.

지족知足은 진정 행복한 사람만이 갖는 특성이다. 범

부들은 지족을 키우고 증장시키는 일이 어렵다고 생각하는 것 같다. 그러나 일상생활에서 빈번하게 맞닥뜨리는 일들에 대해 용기와 결단력 그리고 지혜로운 주의와 사념thought으로 대응해 나아감으로써 또 자신의 불선한 성향들을 제어함으로써 그리고 깊은 생각 없이 경솔하게 행동하려는 충동을 억제함으로써 마음이 번뇌로 오염되는 것을 막을 수 있고 지족을 통한 기쁨을 경험할 수 있다.

사람의 마음에는 온갖 갈등이 일어난다. 이들 갈등을 제어해야 할 필요가 있다면, 그 뿌리를 뽑으려 들기 전에 우선 이들 갈등의 원인이 되는 성향과 욕구들에 대한 고삐를 조금씩 죄어나가야 할 것이다. 달리 말하면 지족을 계발해야 할 것이다. 우리의 마음을 사로잡고 매혹시키는 것을 포기하기는 힘이 든다. 사람의 마음에 추악하고 불선한 생각의 형태로 출몰하는 악령을 몰아내기란 실로 어렵다. 이러한 해악은 탐lobha·진dosa,·치moha가 표출한 형태이다. 마음을 끊임없이 닦아서 청정과 평화의 극치에 다다르기 전에는 이 군세軍勢를 완전히 패퇴시킬 수가 없다. 그저 단순하게 바깥일들을 그만 둔다거나 단식을 하고 강이나 온천에서 목욕을 하고 그밖에 이런저런 노력을 해

본다고 해서 사람이 반드시 청정해지는 것은 아니다. 이런 일들은 사람을 행복하고 성스럽고 무해無害하도록 만들지 않는다. 그렇기 때문에 부처님께서 가르치신 청정의 길, 즉 계sīla·정samādhi·혜paññā, 삼학을 닦지 않을 수 없는 것이다.

깨달음의 인자sambojjhaṅga라는 맥락에서 기쁨pīti을 논할 때 우리는 '기쁨[喜]'이 '즐거움[樂]'과 얼마나 큰 차이가 있는지 염두에 두어야 한다. 오온 중 수온受蘊에 속하는 이 즐거움은 아주 순간적이고 덧없는 것이다. 그 즐거운 느낌을 고통의 서곡이라고 한다면 틀린 말일까? 우리가 이 순간 매우 즐거워서 껴안은 것이 다음 순간에 고통의 원천이 되기 일쑤이다.

바라던 것을 손을 뻗어 잡으려 하면 더 이상 거기 있지 않거나, 거기 있어 잡았다 해도 눈 녹듯이 사라져버린다.

로버트 버언즈의 시구를 보자.

즐거움은 흐드러져 핀 양귀비꽃

잡으려면 그만 꽃잎을 떨궈버리네.
즐거움은 강 위에 떨어진 눈처럼
한 순간 하얗다 녹아 버리네, 영원히.[34]

어떤 형상을 보거나, 소리를 듣거나, 냄새를 맡거나, 맛을 보거나, 감촉을 느끼거나, 생각을 지각할 때 사람은 거기에 반응한다. 그런 감각대상이나 정신적 대상으로부터 많든 적든 즐거움을 경험한다. 그러나 그것은 모두 지나가버리는 현상이 스쳐가며 벌이는 잠깐 동안의 쇼일 뿐이다. 동물 같으면 어떤 것에서도, 어떤 대가를 치르고라도, 오로지 쾌감을 끌어내는 데만 목적을 두겠지만 사람인 이상 '참된 기쁨_pīti_'을 얻기 위해 노력하지 않을 수 없다. 진정한 기쁨은 유정물이거나 무정물에 대해 집착하거나 애착하는 데서 오는 것이 아니라 버림_nekkhamma_으로써 얻어지는 것이다. 세상사에 대해서 초연한 태도가 진정한 행복을 가져온다. 〈염처경〉에는 세간적 즐거움_sāmisa sukha_과 출세간적 즐거움_nirāmisa sukha_에 관한 이야기가

---

34 [역주] 로버트 버언즈, 〈탬 오샨터_Tam O'Shanter_〉 1790.

있다.[35] 출세간적 즐거움이 세간적 즐거움보다 훨씬 수승한 것은 물론이다.

어느 땐가 한 번은, 부처님께서 탁발을 하러 나가셨다가 음식을 조금도 못 얻으신 적이 있었다. 그때 어떤 부질없는 자가 지금 부처님께서는 틀림없이 배가 고파 괴로우실 거라고 말했다. 그러자 무상사無上士 세존께서 거침없이 다음의 게송을 읊으셨다.

아, 장애를 여읜 우리는
언제나 행복하게 산다네.
광음천光音天의 신들처럼
기쁨을 먹고 살리.[36]

남들은 사람을 해치더라도 나는 남을 해치지 않으리. 남들은 살아있는 존재의 목숨을 빼앗더라도 나는 살생하지 않으리. 남들은 행실이 나빠도 나는 청정하게 살리. 남들은 거짓말을 하더라도 나는 진실만을 말하리. 남들은 사람을 비방하고,

---

35 [역주]《중부》 10경, I권 55쪽 참조
36 《법구경》 게송 200

거친 말을 하고 잡담을 일삼더라도 나는 화합을 돕는 말, 듣기에 좋고 사랑으로 가득 차고 마음을 즐겁게 해주고 정중하고 마음에 담아둘만 하고 때에 알맞고 적절하고 합당한, 그런 말만 하리. 남들은 탐욕에 빠질지라도 나는 탐심을 내지 않으리. 나는 모든 일에 힘을 다 하고 끝까지 겸손하고 진리와 정직함에 있어서는 확고부동하고 평화롭고 성실하고 만족하고 너그럽고 진실 되리.[37]

이렇게 깊이 생각하는 사람에게는 순수한 기쁨이 온다. 이래서 이 네 번째 깨달음의 인자인 기쁨*pīti* 역시 우리를 증지, 등각, 열반으로 이끌어 준다.

---

37 [역주] 《장부》 1경, I권 2~12쪽 ; 《중부》 27경, I권 179~180쪽 : 《중부》 51경, I권 345쪽 참조

V. 경안각지輕安覺支 *passaddhi*

잔잔함 또는 고요함, 즉 경안輕安 *passaddhi*[38]이 깨달음의 다섯 번째 요소이다. 경안에는 두 가지가 있다. '까아야 빳삿디身輕安 *kāya passaddhi*'는 몸의 고요함이다. 여기서 '까아야'는 육체적인 몸이라기보다는 모든 정신적 영역 *cetasika*을 의미한다. 다른 말로 하자면 수온受蘊, 상온想蘊, 행온行蘊의 고요함이다. '찌따 빳삿디心輕安 *citta passaddhi*'는 마음의 고요함, 즉 식온識蘊의 고요함을 말한다.

'빳삿디'는 길 가다 지친 사람이 나무 그늘아래 앉을 때나, 뜨거운 대지에 비가 내려 시원해질 때 경험하는 행복에 비유되기도 한다. 마음을 고요하게 가라앉히기는 어렵다. 마음은 흔들리고, 불안정하며, 지키기도 자제하기

---

38 [역주] 경안: 輕安 또는 除로 한역되듯 '빳삿디'에는 가뿐함, 제거함의 뜻이 있다.

도 어렵다. 마치 물에서 건져 마른 땅에 내던져진 물고기처럼 파닥거린다. 마음은 제멋대로 방황한다.[39] 이처럼 마음의 성질은 도무지 종잡을 수 없다. 깨달음을 얻고자하는 사람이 자신의 변덕스러운 마음을 진정할 수 있게끔 도와주는 것은 지혜로운 주의*yoniso manasikāra*다. 마음의 고요를 닦지 않고서는 집중[定]을 성공적으로 계발할 수 없다. 고요해진 마음은 온갖 피상적이고 무익한 것들을 몰아낸다.

오늘날 많은 사람들은 방종을 자유라 여기면서 또 자기를 제어하는 일이 자기개발을 가로막는 것으로 생각한다. 그러나 부처님의 가르침은 이와 아주 다르다. 자신이 진실로 바람직한 상태로 되려면 올바른 선에서 제어되고 길들여져야 한다. 자신을 완벽하게 길들이셨기에 조어장부調御丈夫라는 이름을 누리시는 세존께서는 사람의 마음을 길들이려는 목적으로 법을 가르치신 것이다.[40]

마음이 고요해지고 그리고 정연한 향상의 길을 바르게

---

39 《법구경》〈마음의 품品〉게송 34

40 *"danto so Bhagavā damatāya dhammaṁ deseti"* 《장부》 25경, Ⅲ권 54쪽

나아가고 있을 때에만 그 마음은 그것을 지닌 이를 위해서도 사회를 위해서도 유익한 것이 된다. 어지러운 마음은 자신과 타인 모두에게 부담이 될 뿐이다. 이 세상에 벌어지는 모든 불선한 행위들은 정신적 고요, 균형, 안정을 얻는 방법을 익히지 못한 사람들이 저지르는 짓이다. 고요하다고 해서 약한 것이 아니다. 언제나 고요한 태도를 견지한다면 그는 교양 있는 사람임에 틀림없다. 주위의 모든 여건이 순조로울 때 마음이 고요하기는 어렵지 않다. 그러나 순조롭지 못한 여건에서 마음의 안정을 지니기는 참으로 어렵다. 이 얻기 어려운 자질을 증득하는 것이야말로 값진 일이 아닐 수 없다. 왜냐하면 그러한 제어력을 통해서 우리는 인격적 역량을 쌓아 올리게 되기 때문이다. 세상에서 가장 사람을 현혹시키는 일은 목소리 큰 사람들이 자기만 강하다고 여기거나, 쓸데없는 일에 야단스럽게 바빠하며 자기들만 능력 있다고 여기는 것이다.

마음의 고요함을 닦는 사람은 세간 특유의 여덟 가지

---

41 [역주] 세간 특유의 여덟 가지 어려움[八難, 八世法]: 이득과 손실, 좋은 평판과 나쁜 평판, 칭찬과 비난, 고통과 행복. 《장부》 III권 260쪽

어려움[八難, 八世法][41]을 겪게 되어도 당황하거나 혼란에 빠지거나 흥분하지 않을 것이다. 그는 오로지 모든 조건 지어진 것들의 일어남과 사라짐을, 사물들이 어떻게 생겨 났다가 없어지는지를 보려고 노력할 것이다. 마침내 그는 걱정과 불안에서 헤어나 부서지는 것들을 부서지는 성질 그대로 보게 될 것이다.

사랑하는 아들을 잃은 어머니에게 왜 슬퍼하지도 고통을 느끼지도 않는지를 묻자 다음과 같이 대답했다는 이야기가 《본생담》에 나온다.

그 아이는 내가 오라고 해서 온 것도 아니고 가라고 해서 간 것도 아닙니다. 왔듯이 그렇게 가버린 것인데 한탄하고, 울고, 통곡하는 것이 무슨 소용이 있겠습니까?[42]

고요해진 마음이 주는 이득은 이와 같다. 그런 마음은 잃어도 얻어도 욕먹어도 칭찬 들어도 동요됨이 없고, 역경에 처해서도 평정을 유지한다. 이러한 마음가짐은 감각의

---

42 〈뱀에 관한 본생담〉 354

세계를 적절한 원근법적 시각으로 조망함[43]으로써 얻을
수 있다. 이렇듯이 고요함, 즉 경안*passaddhi*은 사람을 깨
달음으로, 고로부터의 해탈로 이끌어준다.

---

43 [역주] 서양 미술에서 3차원의 공간을 평면위에 표현해 내는 방법으로
여기에서는 사물을 독립된 개체로 인식하던 태도에서 벗어나 전체 속
에서 상대적 부분으로 파악하는 태도를 말하며, 그것은 불교의 연기의
맥락에 의해 사물을 바라보는 눈과 비슷하므로 '법으로 본다'는 불교
개념의 서구적 표현으로 간주된다.

VI. 정각지定覺支 samādhi

여섯 번째의 깨달음 인자는 집중[定 samādhi]이다. 고요해진 마음만이 명상주제에 쉽게 집중할 수 있다. 고요하고 집중된 마음은 사물을 있는 그대로 본다. 집중통일된 마음은 다섯 가지 장애[五蓋 pañca nīvaraṇā]를 정복해낸다.

정定은 마음의 안정이 강화된 상태로, 비유하자면 바람 없는 장소에 놓인 등잔의 불꽃이 전혀 깜박거리지 않는 것과 같다. 마음을 올바로 고정시켜 동요나 교란됨이 없도록 만들어주는 것이 정定인 것이다. 올바른 정 수행은 마치 꼼짝 않고 저울대의 균형점을 잡고 있는 손과 같아서 마음과 그에 부수하는 정신작용들을 균형 잡힌 상태로 유지시켜 준다. 바른 집중[正定]은 마음을 혼란스럽게 만드는 번뇌를 몰아내고 마음의 청정과 온화함을 가져다준다. 집중된 마음은 감각대상에 정신을 빼앗기지 않는다. 가장 높은 경지의 집중은 아무리 불리한 조건 아래에서도 흐트러지는 법이 없다.

정定을 제대로 닦기를 진실로 원한다면 그는 반드시 계戒를 소중히 여기는 마음부터 키워야 한다. 왜냐하면 정신생활에 자양분을 공급하여 그것을 한결같고 고요하고 균등하며 풍요한 만족감으로 충만하게 만들어주는 것이 바로 계이기 때문이다. 반면, 제어되지 않은 마음은 보잘것 없는 사소한 활동으로 자신을 소진시켜버리고 만다.

깨달음을 열심히 추구하는 수행자yogī에게 닥치는 장애가 물론 한둘이 아니지만, 특히 집중적 사고[44] 곧 '사마디[定]'를 방해하고 해탈의 길을 가로막는 장애들이 있다. 그것들을 부처님의 가르침에서는 다섯 가지 장애[五蓋 pañca nīvaraṇā][45]라 부른다. 빠알리어로 '니이와라나 nīvaraṇa'는 정신적 발전[修行 bhāvanā]을 방해하거나 막는 것을 의미한다. 그것들은 철저히 가두고 가로막고 방해하기 때문에 장애라 불리는 것이다. 이들은 해탈로 가는 문을 닫아버린다. 다섯 가지 장애는 다음과 같다.

---

44 [역주] 여기서 저자는 집중적 사고concentrative thought 또는 집중된 사고 내지 집중상태에서의 사고concentrated thought 등을 써서 일반적 역어인 집중concentration에 동적 의미를 부여하고 있다.

45 [역주] 법륜·아홉《다섯 가지 장애와 그 극복 방법》, 〈고요한소리〉 참조

1. 감각적 욕망 *kāmacchanda*

2. 염오 또는 악의 *vyāpāda*

3. 마음과 그 부수적 정신작용들의 혼미 또는 완미頑迷
   thīnamiddha

4. 들뜸과 회한 또는 동요와 걱정 *uddhaccakukkucca*

5. 의심 또는 회의적 의심 *vicikicchā*

감각적 욕망*kāmacchanda*, 다시 말해 원초적인 욕망의 충족이나 소유를 향한 강한 갈증은 사람을 끝없는 윤회에 묶는 첫 번째 사슬이자 궁극의 해탈로 가는 문을 닫는 무서운 장애이다.

감각적 욕망이란 무엇인가? 이 갈애*taṇhā*는 어디서 생겨나고 어디에 뿌리를 내리는 것인가? 〈염처경*Satipaṭṭhāna Sutta*〉에 따르면 "기쁘고 즐거운 것이 있는 거기에 이 갈애는 생겨나고 뿌리내린다." 형태[色], 소리[聲], 냄새[香], 맛[味], 감촉[觸], 관념[法]은 기쁘고 즐겁다. 거기에서 이 갈애가 생겨나고 뿌리를 내린다. 갈애가 어떤 연유로든 방해를 받으면 욕구불만과 분노로 바뀐다.

《법구경》을 보자.

갈애에서 슬픔이 생기고
갈애에서 두려움이 생긴다.
갈애에서 벗어난 이에게는
슬픔도 두려움도 없도다.[46]

두 번째 장애는 염오, 증오, 악의라고 옮길 수 있는 '위야아빠아다*vyāpāda*'이다. 사람은 즐겁지 않은 것과 불쾌한 것에 대해 자연히 반감을 갖게 되고 또 그것들 때문에 의기소침해지기도 한다. 사랑하는 이와 헤어지게 되면 괴롭고, 미워하는 이와 함께 있게 되어도 마찬가지로 괴롭다. 먹고 마실 것이 입에 맞지 않거나 맘에 안들 때, 보기 싫은 행실을 접했을 때 등 수많은 사소한 것들까지 분노를 자아내기도 한다. 잘못된 생각, 지혜롭지 못한 주의가 증오심을 불러일으킨다.

한편 증오는 증오를 낳고 시야를 가린다. 그것은 마음

---

46 《법구경》 게송 216

과 그에 부수하는 정신적 작용들을 온통 왜곡시켜서 진리에 눈뜨는 것을 방해하고 자유를 향한 길을 막는다. 우리가 짓는 그 모든 전도몽상의 으뜸가는 원인은 무명이다. 이 무명에 근원하는 탐욕과 진심瞋心이 바로 사람과 사람, 민족과 민족 사이에 투쟁과 불화를 야기하는 원인인 것이다.

세 번째 장애는 한 쌍의 불선, 즉 티이나*thīna*와 밋다*middha*로 이루어진다. 티이나는 마음이 깨나른하거나 음울한 상태이고, 밋다는 부수적 정신 작용들의 음울한 상태이다. (이하 이 둘을 한역에 따라 혼침昏沈이라 부르기로 한다 – 역자) 이 혼침을 어떤 이들은 육신의 나태함으로 생각하기 쉽겠지만 그것은 아니다. 왜냐하면 이 쌍을 이룬 불선에서 자유로운 아라한들, 저 완벽한 분들도 육체적 피로는 역시 겪기 때문이다. 이 혼침은 정신적 발전을 지체시킨다. 그것이 영향을 끼치면 마음은 너무 굳어서 바를 수 없는 버터나 숟가락에 들어붙는 당밀처럼 굼떠진다.

정신적 발전을 가로막는 해로운 요소가 바로 이 해이함이다. 해이함은 점점 더 심해지다가 끝내는 무감각한 무관심 상태가 되어버린다. 이 무기력한 성격은 도덕적 올바름과 자유로움을 치명적으로 가로막는다. 이짝을 이루는 불선을 극복하려면 정신적 노력, 즉 '위리야*viriya*'를 통해야 한다.

네 번째 장애 역시 '웃다짜*uddhacca*'와 '꾹꾸짜*kukkucca*'라는 한 쌍의 결함으로 구성되어 있는데 들뜸과 회한 또는 동요와 걱정으로 옮길 수 있겠다. 일반적으로 나쁜 짓을 하는 사람은 마음이 흥분되어 있고 들떠 있다. 죄를 지었거나 참을성 없는 사람들이 이 장애 때문에 고통을 받게 된다. 들뜨고 불안정한 사람들의 마음은 마치 뒤흔들린 벌통 속에서 정신 못 차리는 벌떼와 같다. 이런 정신적 뒤흔들림은 수행을 방해하고 향상의 길을 막는다. 속태움 역시 해롭다. 때로 사람들은 자신이 범한 나쁜 행위에 대해 계속 후회만 한다. 이런 일은 부처님께서 잘한다 하시지 않을 일이다. 우유를 엎지르고 나서 아무리 한탄해야 소용없는 일이니까. 그런 실수를 계속 후회만 하고 있느니 차라리 그런 불선한 행위를 반복하지 않도록 애써야 할 것이다. 또 어떤 이들은 좋은 일을 빠뜨리고 못했다거나 의무를 이행하지 못한 데 대해서 계속 상심한다. 이 또한 쓸데없는 일이다. 강을 건너려는 사람이 건널 생각은 안하고 저 건너편 강둑 보고 이리로 오라는 것만큼이나 헛되다.[47] 선행을 미처 못 한 것에 대해 쓸데없는 걱정을 하고 있느니 오히려 선한 행위를 하려고 애를 써야 할 것이다. 이러한 마음의 뒤숭숭함 역시 정신적 향상을 방해한다.

마지막으로 다섯 번째 장애는 '위찌끼차*vicikicchā*', 곧 의심이다. 접두어 '위*vi*'가 '찌끼차'에 붙어서 이루어진 빠알리어 '위찌끼차'는 문자 그대로 '고칠 약이 없음'을 의미한다. 어쩔 줄 몰라서 곤혹을 겪는 사람이야말로 진정 무서운 병을 앓고 있는 것이며 그 의심을 떨쳐내기 전에는 계속 고통을 겪게 될 것이다. 사람이 이런 정신적 가려움증에 걸려 있을 동안은 내내 냉소적 눈으로 세상을 바라보게 될 것이고, 이는 향상에 가장 해로운 일이다. 주석가들은 이 장애를 '분명하게 결심하지 못하는 것'이라 설명하고 있다. 이 장애에는 선정*jhāna*에 들 수 있는 가능성을 믿지 못하는 의심도 포함된다. 여기서 특히 우리는 불법이나 승가와 전혀 무관한 비 불자나 요가 수행자들까지도 의심이라는 장애를 억누르고 선정에 이르고 있다는 점을

---

47 [역주]《장부》13〈떼윗자경〉, I권 244쪽

부언해 두지 않을 수 없다.

선정을 성취하는 수행자는 다섯 가지 선지[五禪支 선정의 요소, 특성]로 그 다섯 장애를 모두 제쳐낸다. 즉 감각적 욕망은 마음을 한 곳에 모음[心一傾性 *ekaggatā*]으로써, 염오는 기쁨*pīti*으로써, 혼침은 생각을 어떤 대상에 향하게 함[尋 *vitakka*]으로써, 들뜸과 회한은 즐거움[樂 *sukha*]으로써, 의심은 지속적인 고찰[伺 *vicāra*]로써 젖혀 버린다. 그러나 선정을 성취하는 것이 최종 목표는 아니다. 선정은 직관적 통찰*vipassanā*로 이어져야 한다. 수행자가 잠재적 번뇌 *anusaya kilesa*를 뿌리 뽑고 완전한 청정을 얻게 되는 것은 이 통찰력에 의해서만 가능하기 때문이다.

마음에 더러움이랄까 번뇌의 때*kilesa*가 잠재하여 있는 한, 그 사람에게 악은 계속 생겨날 것이다. 통찰력을 얻는 것이 목적인 선정 수행자는 장애들을 제쳐냈기에 불선을 행하지는 않겠지만 그의 기질 속에 마음의 때가 잠재해 있어서 아직까지 완전히 안심할 수 있는 상태는 아니다. 그러나 완전한 분, 아라한은 잠재하는 마음의 때와 그 조그마한 얼룩까지도 모두 씻어냄으로써 윤회를 정지시킨다. 그분은 자신의 윤회를 의심할 나위 없이 확실하게 끝내신 분이다. 왜냐하면 그는 성스러운 삶을 완성하였고 할 일을 다 해 마쳤으니까. 이제 그에게 다시 태어남은 없다.[48]

열심히 공부하는 진지한 학생은 감각적 유혹을 끊고 적절한 환경 속으로 물러나 공부에 전념한다. 그렇게 해서 온갖 방해하는 요소들을 헤쳐 나가 성공적으로 시험을 통과한다. 이와 마찬가지로 수행자는 '광란적인 군중들의 야비한 다툼으로부터 멀리 떨어져서', 외진 토굴이나 수행하기 알맞은 곳에 앉아서 마음을 수행의 주제[業處 kammaṭṭhāna]에 고정시키고, 분투와 지속적 노력으로 다섯 가지 장애를 제쳐내고 마음의 흐름[遷流]이 빚어내는 때를 씻어내어 감으로써 그는 순차적으로 초선初禪, 이선, 삼선 그리고 사선에 이른다. 그러고선 이렇게 얻은 정[삼매]의 힘, 즉 집중적 사고의 힘에 의해서 그는 자신의 마음을 최고의 의미에서의 실재[열반]를 이해하는 데로 돌린다.

수행자가 위빳사나vipassanā라고 하는 직관적 통찰력을 계발하게 되는 것이 바로 이 단계에서이다. 이 위빳사나

---

48 《중부》 27경, I권 184쪽

를 통해 그는 모든 조건 지어진 것들과 모든 구성 성분들의 참된 성질을 알게 된다. 위빳사나가 사물을 있는 그대로 볼 수 있도록 우리를 도와주는 것이다. 우리는 진리를 정면으로 마주보게 되고 현상계의 온갖 음색은 삶 전반을 관통하여 울리는 단 한 줄의 현, 무상*anicca*·고*dukkha*·무아*anattā*로 엮여 만들어진 그 한 줄 현의 울림의 여러 변주에 지나지 않는다는 것을 이해하게 되는 것이다.

수행자는 자신이 그토록 오랜 세월 집착해온 세상이라는 것의 진정한 성질을 통찰하게 된다. 그는 무지라는 달걀껍질을 깨고 광대무변한 초월의 세계로 뛰쳐나온다. 그 마지막 순화로서 그는 언어의 한계를 넘어선 고요, 즉 부동의 심해탈*akuppā cetovimutti*[49]인 열반의 광명이 동트는 곳에 도달한다. 이제 세상사는 그에게 더 이상 아무런 의미가 없어진다.

《법구경》 게송 373을 보자.

---

49 《중부》 30경, I권 205쪽

한적한 곳에 머물며
마음이 고요해지고
제 법을 명확하게 식별하는 비구,
그에게 인간의 기쁨을 넘어선
진정한 기쁨과 행복이 온다.

VII. 사각지捨覺支 upekkhā

마지막으로, 일곱 번째 깨달음의 요소는 '우뻬카 upekkhā', 즉 평온함[捨]이다.

아비담마에서는 우뻬카의 뜻을 '따뜨라맛잣따따 tatramajjhattatā', 즉 중립성이라는 말로 요약하고 있다. 이 것은 정신적 평온함을 가리키지 쾌락주의에서의 무관심 과 같은 뜻은 아니다. 평온함은 고요하고 집중된 마음의 산물이다. 삶의 우여곡절에 부딪히면서 평정을 유지해내 기란 진정 어려운 일이지만 평온이라는 이 어려운 자질을 기른 사람은 결코 혼란에 빠지지 않는다.

그는 이득과 손실, 좋은 평판과 나쁜 평판, 칭찬과 비난, 고통과 행복이라는 세간 특유의 여덟 가지 어려움[八世法 aṭṭha lokadhammā]들을 혼란스럽게 겪으면서도 결코 동요하지 않는다. 그는 단단한 바위처럼 견고하다. 이것이 아라한다운 태도임은 물론이다. 아라한에 대해서 이런 게 송이 있다.

선한 분들은 진실로 모든 것에 대해서 욕구를 버린다.
선한 분들은 갈망에서 쓸데없는 말을 하지 않는다.
행복이 오건 고통이 오건
현자들은 우쭐대지도 소침해지지도 않는다.[50]

현자는 취하게 하는 것을 멀리 하고 매사에 조심하고
인욕과 청정을 견지하며 마음을 단련한다. 그러한 단련
을 통해서 마음이 고요해진다. 우리들도 그런 마음의 경
지에 이를 수 있을까? 이 질문에 호터 경은 이렇게 대답한
다. "물론 있습니다. 그런데 어떻게 하느냐고요? 무언가 위
대한 일을 해서가 아닙니다. 누군가 물었습니다. '성자들
은 왜 성자일까요?'라고. 그러자 이런 대답이 나왔습니다.
'그분들은 쾌활하기 어려울 때도 쾌활했고, 참기 힘들 때
에 참았습니다. 사람들이 가만히 있어 주기를 바랄 때에
도 그분들은 앞으로 밀고 나갔고, 사람들이 말해 주기를
바랄 때에도 침묵을 지켰습니다. 그것이 전부였습니다. 매
우 단순합니다. 그렇지만 매우 어렵습니다. 정신건강상의

---

50 《법구경》 게송 83

문제이지요 ….'" [51]

시인은 읊는다. [52]

삶이 감미로운 노래처럼 흘러갈 때
즐거워하기란 참 쉬운 일이지.
그러나 모든 일이 온통 잘못되어 갈 때
그때에도 미소 지을 수 있는 사람,
그런 사람이야말로 참 훌륭하다네.

네 가지 잘못된 길[四邪道 cattāro agati]에 관해서는 여러 책에서 언급되고 있다. 탐욕chanda의 길, 성냄dosa의 길, 두려움bhaya의 길, 어리석음moha의 길이 그들이다. 사람들이 악을 범하게 되는 것은 이들 잘못된 길 중의 하나 또는 몇 개에 유혹 되었기 때문이다. 그러나 평온함을 계발해서 완벽한 중도中道에 이른 사람은 이런 잘못된 길을 가

---

51 [역주] 영국왕립미술협회의 트루만 우드 강좌에서 호더가 행한 연설 〈고요한 마음이라는 건강위생법〉 (1938) 중에서.
52 [역주] E. W. 윌콕스(1850-1919) 미국 시인

는 일이 결코 없다. 그의 청정한 중도가 모든 존재들을 치우침 없는 눈으로 바라볼 수 있도록 해주기 때문이다.

평온을 기필코 닦겠다면 업과, 업이 작용하는 원리, 그리고 업의 과보에 대해 어느 정도 알아두는 것이 긴요하다. 업으로 비추어 볼 때 우리는 일체 유정물에 대해서, 아니 무정물에 대해서마저도 얽매이지 않고 초연한 태도를 유지할 수 있게 되기 때문이다. 평온에 대해서 가까운 원인[近因]이 되는 것은 모든 존재란 스스로 지은 업의 결과라고 아는 것이다.

산띠데와는 《입보리행론》에 이렇게 쓰고 있다.

누군가 나를 몹시 싫어하는 사람이 있을 텐데
그런데도 칭찬 좀 들었다고 좋아할 수 있을까.
누군가 나를 칭찬하는 사람이 있을 텐데
그런데도 나는 비난의 목소리에만
끄달리고 있어야 하는 걸까.

누구든 진정 자신의 주인이라면

언제나 미소 짓는다네.
찌푸린 얼굴일랑 걷어치우고
누굴 만나도 먼저 인사하고
가진 것은 몽땅 나눈다네.
온 세상의 친구인 그를 진리가 왕관 씌워주리.[53]

무상정등각을 이루신 부처님께서 2500년도 더 넘는 오래전에 완전한 깨달음과 완벽한 지혜를, 열반을, 불사를 얻으라고 우리들에게 일러주신 칠각지를 일별이나마 해 보고자 나는 나름대로 시도해 보았다. 이 완전한 지혜의 길, 깨달음의 인자들을 갈고 닦을 것인가 아니면 외면해 버릴 것인가는 우리 각자가 결정할 일이다. 우리는 부처님의 가르침 덕분에 마음만 먹는다면 얼마든지 고의 원인을 밝혀내고 부수어 버릴 수 있는 능력을 갖추게 되었다. 이제 우리는 각자가 자신의 해탈을 성취해 내기 위해 필요한 노력을 기울일 수 있게 된 것이다.

부처님께서는 삶을 있는 그대로 아는 길을 가르쳐 주

---

53 깟사빠 장로의 영역英譯본에서 인용. 《《입보리행론》: 산띠데와(인도, 7~8세기)가 썼다고 알려진 논서 - 역자))

셨고 각각 혼자의 힘으로 그런 탐구를 해나갈 수 있도록 구체적 지시도 해 주셨다. 이제 인생의 진실이 어떤 것인지 밝혀내고 또 그것을 최대한 선용하는 일은 우리들의 몫이다. 길을 몰라 나아가지 못한다는 변명은 더 이상 통하지 않는다. 부처님의 가르침에는 모호한 구석이 없다. 필요한 조치는 더할 나위 없이 명백하게 취해져 있다. 눈 있어 볼 수 있고, 마음 있어 이해할 수 있는 사람이라면 그 누구에게나 불교는 시종일관 활짝 열려 있다.

> 그분의 가르침은 참으로 명백해서 잘못 이해될 부분이 하나도 없다.[54]

따라서 우리가 진리를 깨닫기 위해 필요한 일은 오직 한 가지, 그분의 가르침을 각자 스스로의 노력에 의해서 능력껏 공부하고 실생활에 적용해 보겠다는 확고한 결의, 노력, 성실성뿐이다. 담마[佛法]는 고에 지친 방랑자에게 손짓하고 있다. 열반의 안식처, 안전지대로 오라고. 그런

---

54 필딩 홀, 《어느 민족의 넋》

데 어찌 칠각지를 닦는 데 열심히 헌신하지 않을 수 있겠는가. 어찌 나아가지 않겠는가.

지난날의 성자들을 기억하면서,
그 분들이 어떻게 사셨는지를 상기하면서
오늘날 비록 그 분들은 가신 뒤지만
그래도 평화로운 감로의 길을
달성할 수 있으리.[55]

살아있는 모든 존재들이 평안하고 행복하기를!

---

[55] 《장로게長老偈》게송 947 (빠아라아빠리야 장로의 게송)

━━━ 저자 소개

삐야닷시 큰스님(1914~1998)

스리랑카 태생으로 출가 전에 날란다 대학과 스리랑카 대학에서 수학했다. 20세에 출가하여 스리랑카의 저명한 고승인 와지라냐아나Vajirañāṇa 스님 밑에서 불법을 닦았다.

스리랑카 지도급 스님으로 힘 있는 설법과 라디오 전파를 통한 포교사로 널리 알려져 있다. 동서양을 두루 여행하면서 불법의 메시지를 전하는 한편, 여러 국제 종교회의와 문화적인 모임에 남방불교 대표자로 참여했다.

또한 스리랑카 불자출판협회Buddhist Publication Society, BPS 간행시리즈의 싱할리어 본本 출판물 〈Damsak〉의 편집자이기도 하였다. 저작 중에서 〈고요한소리〉에서 출간된 책으로는 법륜·하나 《부처님, 그분 - 생애와 가르침》, 법륜·스물둘 《연기》가 있다.

저서

The Book of Protection: Parittā Recitals in English Translation (BPS)

The Buddha's Ancient Path (BPS)

Buddhism: A Living Message (BPS)

The Buddha – A short study of his life and teaching (Wh. 5)

Dependent Origination (Wh. 15)

The Psychological Aspect of Buddhism (Wh. 179)

Four Sacred Shrines (BL. B 8)

The Threefold Division of the Noble Eightfold Path (BL. B 32)

Buddhist Observance and Practices (BL. B 48)

The Story of Mahinda, Saṇghamitta and Sri Maha Bodhi (BL. B 57)

━━━ 〈고요한소리〉는

◦ 붓다의 불교, 붓다 당신의 불교를 발굴, 궁구, 실천, 선양하는 것을 목적으로 설립되었습니다.

◦ 〈고요한소리〉 회주 활성스님의 법문을 '소리' 문고로 엮어 발행하고 있습니다.

◦ 1987년 창립 이래 스리랑카의 불자출판협회BPS에서 간행한 훌륭한 불서 및 논문들을 국내에 번역 소개하고 있습니다.

◦ 이 작은 책자는 근본불교를 중심으로 불교철학·심리학·수행법 등 실생활과 연관된 다양한 분야의 문제를 다루는 연간물連刊物입니다. 이 책들은 실천불교의 진수로서, 불법을 가깝게 하려는 분이나 좀 더 깊이 수행해보고자 하는 분에게 많은 도움이 될 것입니다.

◦ 이 책의 출판 비용은 뜻을 같이하는 회원들이 보내주시는 회비로 충당되며, 판매 비용은 전액 빠알리 경전의 역경과 그 준비 사업을 위한 기금으로 적립됩니다. 출판 비용과 기금 조성에 도움 주신 회원님들께 감사드리며 〈고요한소리〉 모임에 새로이 동참하실 회원을 기다리고 있습니다.

◦ 〈고요한소리〉 책은 고요한소리 유튜브(https://www.youtube.com/c/고요한소리)와 리디북스RIDIBOOKS를 통해 들으실 수 있습니다.

◦ 카카오톡 채널(https://pf.kakao.com/_XIvCK)을 친구 등록 하시면 고요한편지 등 〈고요한소리〉의 다양한 소식을 받으실 수 있습니다.

◦ 〈고요한소리〉 홈페이지 안내
  - 한글 : http://www.calmvoice.org/
  - 영문 : http://www.calmvoice.org/eng/

◦ 〈고요한소리〉 회원으로 가입하시려면 이름, 전화번호, 우편물 받을 주소, e-mail 주소를 〈고요한소리〉 서울 사무실에 알려주십시오.
(전화: 02-739-6328, 02-725-3408)

◦ 회원에게는 〈고요한소리〉에서 출간하는 도서를 보내드리고, 법회나 모임·행사 등 활동 소식을 전해드립니다.

◦ 회비, 후원금, 책값 등을 보내실 계좌는 아래와 같습니다.

국민은행	006-01-0689-346
우리은행	004-007718-01-001
농협	032-01-175056
우체국	010579-01-002831
예금주	**(사)고요한소리**

━━━ 마음을 맑게 하는 〈고요한소리〉 도서

금구의 말씀 시리즈

하나	염신경念身經
둘	초전법륜경初轉法輪經
	초전법륜경初轉法輪經 (확대본)
	초전법륜경初轉法輪經 (독송본)

소리 시리즈

하나	지식과 지혜
둘	소리 빗질, 마음 빗질
셋	불교의 시작과 끝, 사성제 – 四聖諦의 짜임새
넷	지금·여기 챙기기
다섯	연기법으로 짓는 복 농사
여섯	참선과 중도
일곱	참선과 팔정도
여덟	중도, 이 시대의 길
아홉	오계와 팔정도
열	과학과 불법의 융합
열하나	부처님 생애 이야기
열둘	진·선·미와 탐·진·치
열셋	우리 시대의 삼보三寶
열넷	시간관과 현대의 고품 – 시간관이 다르면 고품의 질도 다르다
열다섯	담마와 아비담마 – 종교 얘기를 곁들여서
열여섯	인도 여행으로 본 계·정·혜

열일곱	일상생활과 불교공부
열여덟	의意를 가진 존재, 사람 – 불교의 인간관
열아홉	바른 견해란 무엇인가 – 정견正見
스물	활성 스님, 이 시대 불교를 말하다
스물하나	빠알리 경, 우리의 의지처
스물둘	윤회고輪廻苦를 벗는 길 – 어느 49재 법문
스물셋	윤리와 도덕 / 코로나 사태를 어떻게 볼 것인가
스물넷	산냐[想]에서 빤냐般若로 – 범부의 세계에서 지혜의 세계로
스물다섯	상카아라行와 담마法 – 부처님 가르침의 두 축
스물여섯	팔정도八正道 다시 보기
스물일곱	부처님의 언설과 어법

법륜 시리즈

하나	부처님, 그분 – 생애와 가르침
둘	구도의 마음, 자유 – 까알라아마경
셋	다르마빨라 – 불교중흥의 기수
넷	존재의 세 가지 속성 – 삼법인(무상·고·무아)
다섯	한 발은 풍진 속에 둔 채 – 현대인을 위한 불교의 가르침
여섯	옛 이야기 – 빠알리 주석서에서 모음
일곱	마음, 과연 무엇인가 – 불교의 심리학적 측면
여덟	자비관
아홉	다섯 가지 장애와 그 극복 방법
열	보시
열하나	죽음은 두려운 것인가

열둘	염수경 - 상응부 느낌편
열셋	우리는 어떤 과정을 통하여 다시 태어나는가 - 재생에 대한 아비담마적 해석
열넷	사아리뿟따 이야기
열다섯	불교의 초석, 사성제
열여섯	칠각지
열일곱	불교 - 과학시대의 종교
열여덟	팔정도
열아홉	마아라의 편지
스물	생태위기 - 그 해법에 대한 불교적 모색
스물하나	미래를 직시하며
스물둘	연기緣起
스물셋	불교와 기독교 - 긍정적 접근
스물넷	마음챙김의 힘
스물다섯	업-재생-윤회의 가르침

보리수잎 시리즈

하나	영원한 올챙이
둘	마음 길들이기
셋	세상에 무거운 짐, 삼독심
넷	새 시대인가, 말세인가 / 인과와 도덕적 책임
다섯	거룩한 마음가짐 - 사무량심
여섯	불교의 명상
일곱	미래의 종교, 불교
여덟	불교 이해의 정正과 사邪
아홉	관법 수행의 첫 걸음

열	업에서 헤어나는 길
열하나	띳사 스님과의 대화
열둘	어린이들에게 불교를 어떻게 가르칠 것인가 (절판)
열셋	불교와 과학 / 불교의 매력
열넷	물소를 닮는 마음
열다섯	참 고향은 어디인가
열여섯	무아의 명상
열일곱	수행자의 길
열여덟	현대인과 불교명상
열아홉	자유의 맛
스물	삶을 대하는 태도들
스물하나	업과 윤회
스물둘	성지 순례의 길에서
스물셋	두려움과 슬픔을 느낄 때
스물넷	정근精勤
스물다섯	큰 합리주의
스물여섯	오계와 현대사회
스물일곱	경전에 나오는 비유담 몇 토막
스물여덟	불교 이해의 첫 걸음 / 불교와 대중
스물아홉	이 시대의 중도
서른	고苦에 어떻게 대응할 것인가
서른하나	빈 강변에서 홀로 부처를 만나다
서른둘	병상의 당신에게 감로수를 드립니다
서른셋	해탈의 이정표
서른넷	명상의 열매 / 마음챙김과 알아차림
서른다섯	불자의 참모습
서른여섯	사후세계의 갈림길

서른일곱	왜 불교인가
서른여덟	참된 길동무
서른아홉	스스로 만든 감옥
마흔	행선의 효험
마흔하나	동서양의 윤회관
마흔둘	부처님이 세운 법의 도시 - 밀린다왕문경 제5장
마흔셋	슬픔의 뒤안길에서 만나는 기쁨
마흔넷	출가의 길
마흔다섯	불교와 합리주의
마흔여섯	학문의 세계와 윤회
마흔일곱	부처님의 실용적 가르침
마흔여덟	법의 도전 / 재가불자를 위한 이정표
마흔아홉	원숭이 덫 이야기
쉰	불제자의 칠보七寶

붓다의 고귀한 길 따라 시리즈

하나	불법의 대들보, 마음챙김 *sati*

단행본

하나	붓다의 말씀
둘	붓다의 일생

This translation was possible
by the courtesy of the Buddhist Publication Society
54, Sangharaja Mawatha P.O. BOX61
Kandy, SriLanka

법륜·열여섯

칠각지 七覺支
– 깨달음의 일곱가지 인자因子

초판 1쇄 발행	2006년 5월 1일
2판 2쇄 발행	2024년 8월 30일

지은이	삐야닷시 스님
옮긴이	전채린
펴낸이	하주락·변영섭
펴낸곳	(사)고요한소리

등록번호	제1-879호 1989. 2. 18.
주소	서울시 종로구 인사동길 47-5 (우 03145)
연락처	전화 02-739-6328 팩스 02-723-9804
	부산지부 051-513-6650 대구지부 053-755-6035
	대전지부 042-488-1689 광주지부 02-725-3408
홈페이지	www.calmvoice.org
이메일	calmvs@hanmail.net
ISBN	978-89-85186-71-1

값 1,000원

ISBN 978-89-85186-71-1

값 1,000원

법륜·스물다섯

업-재생-윤회의 가르침

아신 웃따마 지음 | 홍윤선 옮김

고요한소리